BEI GRIN MACHT SICH IHR
WISSEN BEZAHLT

- Wir veröffentlichen Ihre Hausarbeit,
  Bachelor- und Masterarbeit

- Ihr eigenes eBook und Buch -
  weltweit in allen wichtigen Shops

- Verdienen Sie an jedem Verkauf

Jetzt bei www.GRIN.com hochladen
und kostenlos publizieren

Bibliografische Information der Deutschen Nationalbibliothek:

Die Deutsche Bibliothek verzeichnet diese Publikation in der Deutschen National-
bibliografie; detaillierte bibliografische Daten sind im Internet über http://dnb.d-
nb.de/ abrufbar.

Dieses Werk sowie alle darin enthaltenen einzelnen Beiträge und Abbildungen
sind urheberrechtlich geschützt. Jede Verwertung, die nicht ausdrücklich vom
Urheberrechtsschutz zugelassen ist, bedarf der vorherigen Zustimmung des Verla-
ges. Das gilt insbesondere für Vervielfältigungen, Bearbeitungen, Übersetzungen,
Mikroverfilmungen, Auswertungen durch Datenbanken und für die Einspeicherung
und Verarbeitung in elektronische Systeme. Alle Rechte, auch die des auszugsweisen
Nachdrucks, der fotomechanischen Wiedergabe (einschließlich Mikrokopie) sowie
der Auswertung durch Datenbanken oder ähnliche Einrichtungen, vorbehalten.

Impressum:

Copyright © 2018 GRIN Verlag
Druck und Bindung: Books on Demand GmbH, Norderstedt Germany
ISBN: 9783346023810

Dieses Buch bei GRIN:

https://www.grin.com/document/499009

Melissa Rohlfs

Johann Joachim Winckelmanns Konzeption von Schönheit

GRIN Verlag

GRIN - Your knowledge has value

Der GRIN Verlag publiziert seit 1998 wissenschaftliche Arbeiten von Studenten, Hochschullehrern und anderen Akademikern als eBook und gedrucktes Buch. Die Verlagswebsite www.grin.com ist die ideale Plattform zur Veröffentlichung von Hausarbeiten, Abschlussarbeiten, wissenschaftlichen Aufsätzen, Dissertationen und Fachbüchern.

Besuchen Sie uns im Internet:

http://www.grin.com/

http://www.facebook.com/grincom

http://www.twitter.com/grin_com

Universität Bremen

Wintersemester 2017/2018

Fachbereich: Germanistik

Seminar: Das Schöne schreiben: Johann Joachim Winckelmanns Prosa

Hausarbeit

"Die Schönheit als der größte Endzweck"

Johann Joachim Winckelmanns Konzeption von Schönheit

vorgelegt von:

Melissa Rohlfs

Inhalt

2

1. Einleitung

Durch die Jahrhunderte hindurch haben sich verschiedene Schönheitsideale und Schönheitskonzepte einem ständigen Wandel unterworfen. Die permanenten Paradigmenwechsel resultieren aus gesellschaftspolitischen Einflüssen und der existierenden Gesellschaftssysteme. Diese haben den Begriff Schönheit maßgeblich mitbestimmt.

Die Wissenschaftlerin Waltraud Posch fasst in ihrer Definition Schönheit als eine wechselseitige Interaktion von Objekt und Betrachtendem:

„Seit Menschen sich und ihre Umwelt in Bild und Schrift darstellen, spielt sie eine entscheidende Rolle. Schönheit ist eine alltägliche Herausforderung. Sie findet Ausdruck in Mode, Frisuren und Kosmetik, aber auch in grundlegenden Körpermerkmalen wie Gewicht, Größe, Körperbau, Gesichtszügen und Haut. Was Schönheit eigentlich ist, wollten Menschen immer wieder herausfinden. Schönheit   ist etwas Überdurchschnittliches, Herausragendes, etwas nicht für jeden Menschen Erreichbares, lautet die häufigste Definition. [...] Schönheit ist keine objektive Größe. Ihre Wandlungsfähigkeit erklärt auch die große Vielfalt an Schönheitsidealen, die es im Laufe der Geschichte gab. Schönheit hängt immer vom sozialen Kontext ab. Was zählt, ist nicht die Erscheinung, das Aussehen einer Person selbst, sondern wie es von der jeweiligen Gesellschaft bewertet wird."[1]

In der Menschheitsgeschichte wird das Konzept von Schönheit vielseitig bestimmt. Die vorliegende Arbeit beschäftigt sich mit einem Teil dieser Geschichte – der Antike. In dieser Epoche gab es konkrete Vorstellungen davon, wie ein schöner und idealer Körper auszusehen hatte.

Zunächst werde ich einen Einblick in die Schönheitskonzeption im antiken Griechenland geben. Anschließend werde ich mich auf die Thematik der Schönheit in Bezug auf Johann Joachim Winckelmanns Werk "Gedanken über die Nachahmung der Griechischen Wercke in der Mahlerey und Bildhauer-Kunst" beziehen, das einen bedeutenden Wendepunkt in der Geistesgeschichte markiert und das Aufkommen des Klassizismus mitbestimmt. Bevor ich zu einem Resümee komme, wird die Laokoon-Gruppe als Meisterstück idealischer Schönheit in den Blick genommen und untersucht.

---

[1] Posch, Waltraud: Körper machen Leute. Der Kult um die Schönheit. Frankfurt / München. 1999. S.14.

2. Schönheit im antiken Greichenland

Betrachtet man die Konzeption von Schönheit im alten Griechenland, wird anhand vieler über-
lieferter Schriften deutlich, dass es konkrete Vorstellungen davon gab, wie ein schöner Körper
auszusehen hatte. Vieles, was in der Antike als Ideal menschlicher Gestalt und Gesichtszüge
postuliert wird, wird später prägend für Kunst und Kultur. In der Renaissance orientierte man
sich an antiken Ideen und Vorbildern. Auch in späteren Jahrhunderten gefallen die griechischen und römischen Schönheitsvorstellungen und beeinflussen das Schönheitsempfinden.
Ein harmonischer Körper musste, um in ästhetischer Form dargestellt werden zu können, ma-
thematisch exakt berechnet werden. Relevant waren in erster Linie die Symmetrie des Ge-
sichtes und die Übereinstimmung der Körperproportionen zueinander. Die Orientierung an
Göttergestalten führte zu einer Idealvorstellung, in der Stirn und Nase beinahe eine gerade
Linie zu bilden hatten.[2]

Anton Raphael Mengs setzt diese Vorstellung in seiner Erklärung der Schönheit mit dem Begriff der Vollkommenheit gleich:

"Da die Vollkommenheit mit der Menschlichkeit nicht übereinstimmen kann, und
allein bei Gott ist, von dem Menschen aber nichts wirklich begriffen wird, als was
unter die Sinne fällt; so hat ihm der Allweise einen sichtlichen Begriff der
Vollkommenheit eingeprägt, und dieses ist, was wir Schönheit nennen."[3]

2.1 Schönheitsideal in den "Gedancken über die Nachahmung der Griechischen Wercke in der Mahlerey und Bildhauer-Kunst"

Johann Joachim Winckelmanns "Gedancken über die Nachahmung der Griechischen Werke
in der Mahlerey und Bildhauer-Kunst" kann überschlägig in sechs Abschnitte unterteilt werden,
in denen er hauptsächlich das Studium der vorbildlichen griechischen Werke reflektiert. Ver-
öffentlicht wurde die Programmschrift in den Jahren 1754/55 in nur 50 Exemplaren.

In diesem Werk verwendet der Kunsthistoriker erstmals das Begriffspaar edle Einfalt und stille
Größe und bestimmt so das Schönheitsideal der deutschen Klassik. Er legt anhand der Kultur
und Kunst des antiken Griechenlands fest, was als mustergültig und vorbildhaft gelten kann
und was nicht. Laut Winckelmann nimmt das Altertum beziehungsweise das antike Griechen-

---

[2]Winckelmann, Johann Joachim. Gedanken über die Nachahmung der griechischen Werke in der Malerei und Bildhauerkunst. In: J.J. Winckelmann. Edle Einfalt und stille Größe. Kleine Schriften zur Kunst der Antike. Hrg.
Walter Rüegg. Scientia Verlag Zürich. 1946. S.34
[3]Mengs, Anton Raphale. Von der Schönheit. Erklärung der Schönheit. In:Bibliothek der Kunstliteratur. Frühklassizismus. Band 2. Hrsg. Gottfried Boehm und Norbert Miller. Deutscher Klassiker Verlag. Frankfurt am Main.
1995. S 200

land eine wichtige Position ein, um diese idealische Schönheit begreifen und fassen zu können. Deutlich macht Winckelmann dies bereits mit seinem ersten Satz in seinen "Gedanken" in dem es heißt, dass "der gute Geschmack welcher sich mehr und mehr durch die Welt ausbreitet [...]" in Griechenland seinen Ursprung habe.[4] In einem Land, "welches kluge Köpfe hervorbringen würde"[5]. Um diese Vollkommenheit zu erreichen, sei es laut Winckelmann unabdinglich, einen einfachen Zugang zu eben dieser zu schaffen.

Für die Griechen seien dies unter anderem die Natur und das Klima, welche zusammen die Basis für einen vorteilhaften Körperbau bilden. Der wiederum diene als Modell, anhand derer die Künstler die Schönheit in ihren Werken herauszubilden vermochten. Diese Schönheit sei allerdings mehr als die zuvor genannte Natur[6], sie sei laut eines Auslegers des Plato viel eher ein Bild idealischer Schönheit, das im Verstand entworfen wird.[7] Der Beginn jenes Ideals, welches sich nur in der Kunst der griechischen Antike zeigt, sieht Winckelmann, zwar im Kontext der Natur und der Kultur, allerdings übersteigt es diese enorm.

Trotzdem weiß der Kunsthistoriker „[d]ie natürlichen Faktoren, Natur und Klima [...] sowohl durch antike Klimatheorien bei Polybios, Cicero, Hippokrates oder Lukian zu belegen wie auch bei Jean-Baptiste Dubos [...].“[8] Er selbst schreibt dazu: „Der Einfluss eines sanften und reinen Himmels wirkte bei der ersten Bildung der Griechen, die frühzeitigen Leibesübungen aber gaben dieser Bildung die edle Form.“[9] In Bezug auf die Natur spielen für Winckelmann zusätzlich kulturelle Aspekte eine zentrale Rolle. Athletik, Erziehung, die Abwesenheit von Krankheiten[10] und die Sorgfalt, schöne Kinder zu zeugen, führen gemeinsam dazu, dass die Natur als Gesamtbild eine Art Lehre für den Künstler sei. [11] Winckelmann zieht einen pädagogischen Bogen in seinen Überlegungen, in dem er sich auf den lateinischen Dichter Claude Quillet bezieht und, wie bereits erwähnt, den Aspekt der Kunst schöner schwarzäugiger Kinder zu zeugen und zu erziehen, einbezieht.[12]

---

[4]Winckelmann. Gedanken [...] Kleine Schriften [...]. S.23
[5]Ebd. S.23
[6]Ebd. S.26
[7]Ebd. S.26
[8] Winckelmann, Johann Joachim. Gedanken über die Nachahmung der Griechischen Wercke in der Mahlerey und Bildhauer-Kunst. Hg. Max Kunze. Stuttgart: Reclam 2013. Nachwort, S. 239 f.
[9]Winckelmann, Johann Joachim. Gedanken [.] Kleine Schriften. S. 26f
[10] Ebd. S 30. *"Die Krankheiten, welche so viel Schönheiten zerstören, und die edelste Bildungenverderben, waren den Griechen noch unbekannt. Es findet sich in den Schriften der griechischen Ärzte keine Spur von Blattern, und in keines Griechen angezeigter Bildung, welche man bei Homer oft nach den geringsten Zügen entworfen sieht, ist ein so unterscheidendes Kennzeichen, wie Blattergruben sind, angebracht worden."*
[11]Ebd. S.31
[12] Ebd. S.29 „Es ist auch bekannt, wie sorgfältig die Griechen waren, schöne Kinder zu zeugen. [...] Sie gingen sogar soweit dass sie aus blauen Augen schwarze zu machen suchten. Auch zur Beförderung dieser Absicht errichtete man Wettspiele der Schönheit.“ (Ebd. S29) / „An gründlichen und gelehrten Richtern konnte es in diesen Spielen nicht fehlen, da die Griechen, wie Aristoteles berichtet, ihre Kinder im Zeichnen unterrichten liessen, vornehmlich weil sie glaubten, dass es geschickter mache, die Schönheit in den Körpern zu betrachten und zu beurteilen."

5

Winckelmann schreibt:

„Überhaupt war alles, was von der Geburt bis zur Fülle des Wachstums zur Bildung der Körper, zur Bewahrung, zur Ausarbeitung und zur Zierde dieser Bildung durch die Natur und Kunst eingeflösst und gelehret worden, zum Vorteil der schönen Natur der alten Griechen gewirkt und angewendet, und kann die vorzügliche Schönheit ihrer Körper vor den unsrigen mit der größten Wahrscheinlichkeit zu behaupten Anlass geben."[13]

Der Kunsthistoriker entwirft hier ein friedvolles, idyllisches und klimatisch vorteilhaftes, beinahe utopisches Umfeld, das durch das Zusammenspiel von Natur und Kultur in der Lage ist, einen idealen Menschen hervorzubringen. Er versucht in seinen Gedanken genau diese idealen Körper mit den modernen Körperbautypen zu vergleichen, arrangiert sie allerdings stets so, dass die alten griechischen Körper immer in den Vordergrund gerückt werden: *„Der schönste Körper unter uns wäre vielleicht dem schönsten griechischen Körper nicht ähnlicher, als Iphikles dem Herkules, seinem Bruder, war."*[14] Er stellt hier gekonnt eine Parallele auf, bei der er das menschliche (Iphikles) und göttliche (Herakles) so gegenüberstellt, sodass die alten Griechen unmissverständlich als gottesgleich verstanden werden. [15]

Verstärkt wird dieser Aspekt durch Winckelmanns Ansicht, dass die Oberflächenbeschaffenheit der Plastiken mit der guten Hautbeschaffenheit ihrer Modelle gleichzusetzen ist:

"Diese Meisterstücke zeigen uns eine Haut, die nicht angespannt, sondern sanft gezogen ist über ein gesundes Fleisch, welches dieselbe ohne schwülstige Ausdehnung füllt, und bei allen Beugungen der fleischigen Teile der Richtung derselben vereinigt folgt. Die Haut wirft niemals, wie an unsern Körpern, besondere und von dem Fleisch getrennte kleine Falten."[16]

Wie bereits erwähnt, bezieht Winckelmann in seine Überlegungen auch die Kultur der Griechen ein. Ein besonderes Augenmerk legt er hier auf die Athleten, die sich nackt und trainiert in den Gymnasien und Wettkämpfen zu präsentieren wissen. Er begründet dies mit der "besonderen Freiheit der Sitten in Griechenland"[17], die in einem gesellschaftlichen Sportereignis gipfelt.[18]

---

[13] Ebd. S.30f
[14] Ebd. S.26
[15] Der Aspekt des Göttlichen wird noch an einer zweiten Stelle deutlich: "Die sinnliche Schönheit gab dem Künstler die schöne Natur; die idealische Schönheit die erhabenen Züge: von jener nahm er das Menschliche, von dieser das Göttliche." (Winkelmann. Gedanken […] Kleine Schriften […] S. 36.
[16] Ebd. S.36 f.
[17] Kunze. S.240.
[18] Ebd. S.240.

Unter anderem durch diesen Sport sei es den Griechen, vorzugsweise den Männern, möglich gewesen, den "großen und männlichen Kontur"[19] zu erreichen, "welchen die griechischen Meister ihren Bildsäulen"[20] geben. Bei all diesen Figuren handelt es sich laut Winckelmann um Körper, die weder "Dunst"[21] noch "überflüssigen Ansatz"[22] aufzuweisen hatten. Er bezeichnet die strenge Diät und Lebensweise, um einen "Übelstand des Körpers"[23] zu vermeiden, als "eines unter den Gesetzen des Pythagoras".[24]

Dieser Aspekt ist für Winckelmann insofern wichtig, als dass die Umstände für die jeweiligen Künstler sehr günstig waren, die sich der Nachbildung der antiken Heldengestalten annahmen. Ein zentrales Kriterium ist, dass „[d]ie schönsten jungen Leute [...] unbekleidet auf dem Theater [tanzten],"[25] wodurch es sicherlich keinen Mangel an möglichen Modellen mit wohlgeformten Körpern und den großen und männlichen Kontur, gegeben hat. Auf den Punkt bringt es der Kunsthistoriker, indem er schreibt:

"Die Schule der Künstler war in den Gymnasien, wo die jungen Leute, welche die öffentliche Schamhaftigkeit bedeckte, ganz nackt ihre Leibesübungen trieben. Der Weise und der Künstler gingen dahin: Sokrates, den Charmides, den Autolycus, den Lysis zu lehren; ein Phidias, aus diesen schönen Geschöpfen seine Kunst zu bereichern. Man lernte daselbst Bewegungen der Muskeln, Wendungen des Körpers; man studierte die Umrisse der Körper, oder den Kontur an dem Abdrucke, den die jungen Ringer im Sande gemacht hatten."[26]

Dass Winckelmanns Ausführungen sehr überspitzt und überhöht wirken, steht außer Frage. Für seine Argumentation, wieso es gerade die Griechen und die griechischen Künstler sind, die seither als Einzige Zugang zur perfekten Schönheit zu finden scheinen, sind sie aber äußerst relevant.

---

[19]Winckelmann. Gedanken [...]. Kleine Schriften [...] S. 28
[20]Ebd. S.28
[21]Ebd. S.28
[22]Ebd. S.28
[23]Ebd. S.28
[24]Ebd. S.28
[25]Ebd. S.32
[26]Ebd. S.31 f

Deutlich wird dies an mehreren Stellen in Winckelmanns Gedanken. Unter anderem schreibt er dazu:

> „Viele unter den neueren Künstlern haben den griechischen Kontur nachzuahmen gesucht, und fast niemandem ist es gelungen. Der grosse Rubens ist weit entfernt von dem griechischen Umrisse der Körper, und in denjenigen unter seinen Werken, die er vor seiner Reise nach Italien, und vor dem Studium der Antiken gemacht hat, am weitesten" [27]

Er habe es laut Winckelmann, wie viele andere Künstler auch, nicht geschafft, eine Linie zwischen der Natur als Ganzes und dem Überflüssigen in dieser Natur zu ziehen und sei so auf beiden Seiten zu stark abgewichen.[28] Die Griechen selbst seien hingegen durch die tägliche Konfrontation mit einer opportunen Natur und Kultur in der Lage gewesen, ihre Kunstwerke mit dieser Perfektion zu umgeben.[29]

In der zuvor ausführlich geschilderten Utopie wurde das, was die Natur den Griechen als Vorlage bot aber nicht einfach kopiert:

> „Diese häufigen Gelegenheiten zur Beobachtung der Natur veranlassten die griechischen Künstler noch weiter zu gehen: sie fingen an, sich gewisse allgemeine Begriffe von Schönheiten sowohl einzelner Teile als ganzer Verhältnisse der Körper zu bilden, die sich über die Natur selbst erheben sollten; ihr Urbild war eine bloss im Verstande entworfene geistige Natur."[30]

Winckelmann sieht in der Macht der Einbildung des Schönen, beziehungsweise in der Fähigkeit des Künstlers, des Einbildens fähig zu sein, die Kraft, "die ihn die Idee erkennen und verwirklichen lässt."[31] Denn diese Art der Fähigkeit „faßt aus den Schönheiten natürlicher Bildungen dasjenige zusammen, was ihr am schönsten erscheint."[32] Es geht ihm prinzipiell darum, eine Person, die Natur oder ein Objekt "ähnlich und zu gleicher Zeit schöner zu machen"[33] Diese Fähigkeit sei laut Winckelmann bei einem Großteil der Künstler bereits verloren gegangen, ebenso wie die Gabe, das Vollkommene, das Schöne in der Natur überhaupt zu finden.

---

[27] Ebd. S.42
[28] Ebd. S.42
[29] Ebd. S.43
[30] Ebd. S.34
[31] Rein, Ulrike Gertrud Maria: Winckelmanns Begriff der Schönheit. Über die Bedeutung Platons für Winckelmann. Rheinische Friedrich-Wilhelm-Universität Bonn 1972. S. 66.
[32] Ebd. S. 67
[33] Winckelmann. Gedanken […]. Kleine Schriften […] S.35

Aus diesem Grund sei es einfacher „die Schönheit der Griechischen Statuen eher zu entdecken [...] als die Schönheit in der Natur"[34] selbst. Anstatt die Schönheit mühsam an der Natur abzuleiten, die in der Moderne nicht mehr so utopisch schön war wie Winckelmann sie aus der Antike beschreibt[35], wurde die Antike selbst studiert und galt als Vorbild der schaffenden Künstler: „Das Studium der Natur muss also wenigstens ein längerer und mühsamerer Weg zur Kenntnis des vollkommenen Schönen sein, als es das Studium der Antiken ist [...]"[36]

Winckelmann sieht den einzigen Weg das Perfekte und das Ideal schöner Kunst darzustellen in der Nachahmung: „Der einzige Weg für uns, gross, ja, wenn es möglich ist, unnachahmlich zu werden, ist die Nachahmung der Alten [...]."[37]

Dass es ihm dabei nicht nur auf die optischen Aspekte ankommt, wird deutlich, wenn er eine Linie zwischen der Optik und der Seele der Menschen zieht. Die Seele und menschliche Empfindungen sind eine Voraussetzung dafür, „gewisse allgemeine Begriffe von Schönheiten" bilden zu können.[38] Dazu führt er aus:

"Die innere Empfindung bildet den Charakter der Wahrheit; und der Zeichner, welcher seinen Akademien denselben geben will, wird nicht einen Schatten des Wahren erhalten, ohne eigene Ersetzung desjenigen, was eine ungerührte und gleichgültige Seele des Modells nicht empfindet, noch durch eine Aktion, die einer gewissen Empfindung oder Leidenschaft eigen ist, ausdrücken kann."[39]

Ein fähiger Künstler muss in der Lage sein, die Gefühle und Empfindungen des Modells nachzuempfinden, um den Grad an Schönheit zu erreichen, der laut Winckelmann erreicht werden soll.

2.2 Laokoon als Meisterstück idealischer Schönheit

Ein Exempel, um das Zusammenspiel von Schönheit und Seele deutlich zu machen, ist die Laokoon-Gruppe.[40] Es handelt sich um eine hellenische Plastik der rhodischen Bildhauer Hagesander, Polydoros und Athanodoros.[41] Sie wurde am 31. Januar 1506 in einem unterirdischen Gelass auf dem Oppiushügel in einer Berglandschaft im Osten Roms wiederentdeckt und befindet sich aktuell am Belvedere-Hof in den Vatikanischen Museen. Der in der Gruppe

---

[34]Winckelmann. Gedanken [...].Kleine Schriften [...] S.38
[35]Ebd. S.39 *"Unsere Natur wird nicht leicht einen so vollkommenen Körper zeugen[...]"*
[36]Ebd. S.38 f
[37]Ebd. S.24 f
[38]Ebd. S.34
[39]Ebd. S.32
[40]Siehe Anhang
[41]Vgl. Raimund M. Friedrich: Sehnsucht nach dem Verlorenen. Winckelmanns Ästhetik und ihre frühe Rezeption. Bern u. a.: Peter Lang Verlag. 2003. S.107 ff.

dargestellte Mythos schildert den Tod des Priesters Laokoon und seiner beiden unschuldigen Söhne durch zwei Schlangen.

Neben allen Kunstwerken, die Winckelmann sowohl in den Gedanken als auch in anderen bedeutenden Werken erwähnt, nimmt die Laokoon-Gruppe eine besondere Stellung ein. Zunächst wird dies an seinen konkreten und detaillierten Ausführungen deutlich. Prägnanter ist allerdings seine eigene Aussage bezüglich des Status der Skulptur. „Laokoon war den Künstlern im alten Rom eben das, was er uns ist; des Polyclets Regel; eine vollkommene Regel der Kunst."[42]

Die Charakterisierung der Laokoon-Gruppe in Winckelmanns Gedanken ist nicht die Erste die er anfertigte. Er bekräftigt damit vielmehr seine schon in Dresden formulierte Auffassung über die griechische Kunst, deren Wesen er als „edle Einfalt und stille Größe" beschrieben hat.[43]

In seiner Dresdner Schrift über diese Skulpturengruppe greift der Kunsthistoriker neben Laokoon selbst die Pein seiner Kinder auf. Er nimmt die Figur als Gesamtbildnis in den Blick, und reduziert sie nicht wie in den „Gedanken" nur auf Laokoon selbst. Außerdem beschäftigt er sich in seiner Schrift aus Dresden stärker mit Laokoons schmerzendem Körper, wohingegen er sich in seinen Gedanken präziser der Gegenüberstellung des körperlichen Leiden und der bewussten Stärke des Geistes[44] widmet:

„Die Natur, welche der Künstler nicht verschonern konnte, hat er ausgewickelter, angestrengter und mächtiger zu zeigen gesuchet: da, wohin der größte Schmerz geleget ist, zeiget sich auch die größte Schönheit."[45]

Winckelmann legt den Fokus der Deskription auf den Schmerz der Statue und profiliert den Kontrast zwischen diesem Schmerz und dem entgegengesetzten Widerstand[46] in Laokoons Todeskampf.

---

[42]Ebd. S.25
[43]Vgl. Frühklassizismus (alle Fassungen sind hier berucksichtigt) S.186ff
[44]Laokoon-Beschreibungen. In Fruhklassizismus, S.190
[45]Ebd. S.191
[46]Ebd. S.191

Die Schönheit der Skulptur resultiert nach Winckelmann daraus, dass sie sowohl das natürliche Leiden der Gestalt darstellt, als auch die Größe seiner Seele, die dazu im Konflikt steht:

„Unter der Stirn ist der Streit zwischen Schmerz und Widerstand, wie in einem Punkte vereiniget, mit großer Weisheit gebildet: denn indem der Schmerz die Augenbranen [sic!] in die Höhe treibt, so drücket das Sträuben wider denselben das obere Augenfleisch niederwerts, und gegen das obere Augenlied zu, so daß dasselbe durch das übergetretene Fleisch beynahe ganz bedeckt wird."[47]

Wie bereits geschildert war das oberste Gebot griechischer Kunst die Dämpfung des Affekts oder der gemilderte Ausdruck desselben.[48] Winckelmann bezeichnet dies bekanntlich als edle Einfalt und stille Größe. Er spielt darauf an, dass das vorzüglichste Kennzeichen der griechischen Meisterwerke, bezogen auf die Laokoon-Gruppe, eine Größe sein soll, die sich ruhig und gemessen über den Todesschmerz Laokoons erhebt, "sowohl in der Stellung als im Ausdruck."[49] Aus diesem Grund darf der Laokoon der Bildhauer nicht schreien, auch wenn Vergils "Aeneis" von einem schmerzerfüllten Schreien berichten[50]: „[Laokoon] erhebet kein schreckliches Geschrei, wie Virgil von seinem Laocoon singt. Die Oeffnung des Mundes gestattet es nicht; es ist vielmehr ein ängstliches und beklemmendes Seufzen [...]."[51] An dieser Stelle greift Winckelmanns Überzeugung, dass die Seele eine wichtige Rolle bei der Konzeption von Schönheit spielt. Laut dem Kunsthistoriker

"[...] schildert sich [die Seele] in dem Gesicht des Laokoon, und nicht in dem Gesicht allein, bei dem hefigsten Leiden. Der Schmerz, welcher sich in allen Muskeln und Sehnen des Körpers zeigt und den man ganz allein, ohne   das Gesicht und andere Teile zu betrachten, an dem schmerzlich eingezogenen Unterleib beinahe selbst zu empfinden glaubt; dieser Schmerz, sage ich, äussert sich dennoch mit keiner Wut in dem Gesichte und in der ganzen Stellung."[52]

Winckelmann sieht in der Stellung Laokoons und seinem Ausdruck "bei allen Leidenschaften eine große und gesetzte Seele"[53], die "durch den ganzen Bau der Figur mit gleicher Stärke ausgeteilt und gleichsam abgewogen"[54] ist. Laokoons Brust erhebt sich in dieser Szene „durch

---

[47]Laokoon-Beschreibung. In: Frühklassizismus S.191
[48]Pfotenhauer, Helmut. 250 Jahre Winckelmanns "Gedancken über die Nachahmung". Ein Klassiker des Klassizismus?. Akzidenzen 16. Flugbätter der Winckelmann-Gesellschaft. Stendal 2006. S.17
[49]Winckelmann. Gedanken [...]. Kleine Schriften [...] S.49
[50]Pfotenhauer. 250 Jahre Winckelmanns "Gedancken über die Nachahmung". S.18
[51]Winckelmann. Gedanken [...]. Kleine Schriften [...] S.50
[52]Ebd. S.49 f
[53]Ebd. S.49
[54]Ebd. S.50

den beklemmten Othem, und durch Zurückhaltung des Ausbruchs der Empfindung, um den Schmerz in sich zu fassen und zu verschließen."[55]

Genau das ist es, was Winckelmann als edle Einfalt und stille Größe bezeichnet. Die Künstler, der zwar in der Lage sein sollen, die Stärke des Geistes in sich selbst zu fühlen[56], sollen aber nicht das Ziel verfolgen, die Empfindungen und Erregungen der abgebildeten Figur besonders affektiert umzusetzen, sondern gerade das Gegenteil.

> „Je ruhiger der Stand des Körpers ist", so Winckelmann, „desto geschickter ist er, den wahren Charakter der Seele zu schildern: in allen Stellungen, die von dem Stand der Ruhe zu sehr abweichen, befindet sich die Seele nicht in dem Zustand, der ihr der eigentlichste ist, sondern in einem gewaltsamen und erzwungenen Zustande."[57]

Winckelmann zielt auf eine Reduzierung von Affektheit ab, da genau das den Betrachter betroffen macht.[58]

Er bezeichnet den Laokoon nicht grundlos als "vollkommene Regel der Kunst". Es geht ihm um zwei konkrete Dinge, die an dieser Statuengruppe exemplarisch festgemacht werden können. Er verlangt, dass der Künstler, in seinen Werken nicht bloß die Taten des jeweiligen Modells darstellt, sondern vielmehr die Seele der Gestalt nachzubilden. Und dies ist nur möglich, wenn der Künstler, wie zuvor erwähnt, „die Stärke des Geistes in sich selbst fühlt, welche er seinem Marmor einpräge[n]"[59] möchte. Ein weiterer Punkt, der eine Rolle spielt ist Winckelmanns Regel, dass dem Betrachter eine edle, große und gesetzte Seele vorzustellen ist. Der Schmerz, den die Laokoon-Gruppe gerade nicht ausdrückt, würde das Edle der Seele trüben. Daher stellt die Statue eine Figur da, die trotz äußerer, schmerzlicher Umstände, das Edle der Seele verkörpert, und wird somit zu einem künstlerischen Ideal der Schönheit. Winckelmann führt dazu aus:

> [...] der Künstler gab [Laokoon] daher, um das Bezeichnende und das Edle der Seele in eins zu vereinigen, eine Aktion, die dem Stande der Ruhe in solchem Schmerze der nächste war. Aber in dieser Ruhe muss die Seele durch Züge, die ihr und keiner andern Seele eigen sind, bezeichnet werden, um sie ruhig, aber zugleich wirksam, stille, aber nicht gleichgültig oder schläfrig zu bilden."[60]

---

[55]Laokoon-Beschreibungen. In: Frühklassizismus S.190
[56]Winckelmann. Gedanken [...]. Kleine Schriften [...] . S.50
[57]Ebd. S.51
[58]Ebd. S.51„Kentlicher und bezeichnender wird die Seele in heftigen Leidenschaften; groß aber und edel ist sie in dem Stand der Einheit, in dem Stand der Ruhe."
[59]Ebd. S.50
[60]Ebd. S.51

Zusammenfassend lässt sich daraus schließen, dass Winckelmann darauf zielt, „die bewusste Stärke des Geistes"[61], die immer überwiegen sollte, dem Leiden des Körpers gegenüberzustellen. Von diesem Deutungsansatz aus interpretiert er die ganze Skulptur und bezeichnet sie quasi als Nonplusultra für die "edle Einfalt und stille Größe". Ersteres, die edle Einfalt drückt sin in der Laokoon-Gruppe in der Seele, dem inneren Kern aus. Die stille Größe zeigt sich in der Statue selbst. Die Laokoon-Gruppe zeigt den Moment größten Leidens. Trotzdem strahlt Laokoon im Moment des größten Schmerzes Ruhe und Konzentration aus. Obwohl sich die Gestalt an der Grenze zwischen Leben und Sterben befindet, wird die große und würdevolle Seele sichtbar.

3. Resümee

Ziel der vorliegenden Arbeit war es, die Konzeption von Schönheit im antike Griechenland sowie in der antiken Kunst, unter besonderer Berücksichtigung Johann Joachim Winckelmanns, zu beschreiben und zu analysieren. Es ist deutlich geworden, dass es ein genaues Bild davon gab, was als schön angesehen wurde und was nicht. Für Winckelmann spielen viele Faktoren eine Rolle; das Klima, die Natur sowie kulturelle Aspekte der Griechen. Bezogen auf die griechische Kunst stellt der Kunsthistoriker das Konzept der Nachahmung in den Vordergrund und verlangt, dass Künstler sich diesem Nachahmungsgebot annehmen sollen. Zusätzlich sei es unabdinglich, dass die Schaffenden das, was sie vor sich haben, ähnlich und zu gleicher Zeit schöner machen. Nur demjenigen, der sich an diese 'Regeln' hält, steht es offen, die vollkommene Schönheit nachahmen zu können und so selbst unnachahmbar zu werden. Emotionale und mentale Aspekte setzt Winckelmann mit dem Begriff der Seele gleich, die der Künstler darstellen soll. Dies sei wiederum nur dann möglich, wenn sich der Künstler selbst in das Modell hineinversetzen und einfühlen kann. Wichtig sei an dieser Stelle nur, dass die Affekte des Modells in abgedämpfter Form, mit einer gesetzten Seele, dargestellt werden. Denn nur dann ist es möglich, eine edle Einfalt und stille Größe zu erreichen, die für Winckelmann wichtig und für den Klassizismus wegweisen gewesen ist.

---

[61]Laokoon-Beschreibungen. In: Frühklassizismus, S.190

4. Literaturverzeichnis

Primärliteratur

Winckelmann, Johann Joachim. Gedanken über die Nahahmung der griechischen Werke in der Malerei und Bildhauerkunst. In: Edle Einfalt und Stille Größe. Kleine Schriften zur Kunst der Antike. Hrsg. Walter Rüegg. Scientia-Verlag Zürich.1946.

Sekundärliteratur

Mengs, Anton Raphael. Von der Schönheit. Erklörung der Schönheit. In: Blibliothek der Kunstliteratur. Frühklassizismus. Position und Opposition. Band 2. Hrsg. Gottfried Boehm und Norbert Miller. Deutscher Klassiker Verlag. Frankfurt am Main. 1995.

Pfotenhauer, Helmut (Hg.): Frühklassizismus. Position und Opposition: Winckelmann, Mengs, Heinse. In: Bibiothek der Kunstliteratur. Hg. v. Gottfried Boehm und Norbert Miller. Bd. 2. Frankfurt/Main 1995.

Pfotenhauer, Helmut. 250 Jahre Winckelmanns "Gedancken über die Nachahmung". Ein Klassiker des Klassizismus? Akzidenzen 16. Flugbätter der Winckelmann-Gesellschaft. Stendal 2006.

Posch, Waltraud: Körper machen Leute. Der Kult um die Schönheit. Frankfurt / München, 1999

Raimund M. Friedrich. Sehnsucht nach dem Verlorenen. Winckelmanns Ästhetik und ihre frühe Rezeption. Bern u. a.: Peter Lang Verlag. 2003.

Rein, Ulrike Gertrud Maria: Winckelmanns Begriff der Schönheit. Über die Bedeutung Platons für Winckelmann. Rheinische Friedrich-Wilhelm-Universität Bonn. 1972

Winckelmann, Johann Joachim. Laokoon-Beschreibungen. In: Bibliothek der Kunstliteratur. Frühklassizismus. Position und Opposition. Band 2. Hrsg. Gottfried Boehm und Norbert Miller. Deutscher Klassiker Verlag. Frankfurt am Main. 1995.

Winckelmann, Johann Joachim. Gedanken über die Nachahmung der Griechischen Wercke in der Mahlerey und Bildhauer-Kunst. Hrsg. Max Kunze. Stuttgart: Reclam 2013. Nachwort

5. Anhang

File: Laocoon group sculpture.jpg

https://commons.wikimedia.org/wiki/File:Laocoon_group_sculpture.jpg   (Zuletzt   Aufgerufen am 20.02.2018 um 11:45 Uhr)